Candidature aux Facultés Catholiques de Lille.

NOTICE

SUR LES

TITRES & TRAVAUX SCIENTIFIQUES

DE

Fr.-J.-O. GUERMONPREZ.

LILLE,
IMPRIMERIE L. DANEL.

1884.

M. Guermonprez a rempli les fonctions suivantes :

Préparateur d'histoire naturelle médicale, à l'École préparatoire de médecine et de pharmacie de Lille en 1868-69.

Préparateur de chimie médicale, toxicologie et pharmacie en 1869-70.

Interne provisoire à l'hôpital Saint-Sauveur de Lille, à partir de mars 1871.

Interne titulaire (par concours) pendant les années 1872 et 1873.

Remplissant, en même temps que les fonctions d'interne, celles de chef de clinique médicale en 1871, de clinique obstétricale en 1872, de clinique chirurgicale en 1873.

Externe des hôpitaux de Paris : Hôtel-Dieu en 1874 ; — Saint-Antoine en 1875.

Médecin de la Compagnie du chemin de fer du Nord, depuis le 7 décembre 1875.

Médecin de l'hospice d'Annappes.

Répétiteur de pathologie à la Faculté libre de médecine et de pharmacie de Lille pendant l'année scolaire 1876-77.

(Pendant le semestre d'été de cette même année et en vertu d'une autorisation spéciale), maître de conférences de zoologie médicale.

Depuis novembre 1877, professeur suppléant, chargé du cours d'histoire naturelle médicale.

(Décembre 1881), secrétaire-adjoint de la Rédaction du *Journal des sciences médicales de Lille*.

(Décembre 1882), secrétaire de la Rédaction du *Journal des sciences médicales de Lille*.

(Janvier 1883), chargé de suppléer M. le professeur J. Jeannel dans son enseignement de la *thérapeutique* et de la *matière médicale*.

Suppléant de M. le prof. Domec dans son service de chirurgie au dispensaire Saint-Raphaël, (rue de Paris).

Suppléant de M. le prof. A. Faucon, dans son service de chirurgie à l'hôpital Sainte-Eugénie. (Vacances 1883).

Suppléant de M. le prof. A. Faucon, dans son service de chirurgie à l'hôpital Sainte-Eugénie (Vacances 1884).

Docteur en médecine (Faculté de Paris, 16 décembre 1875).

Membre fondateur de la Société des Sciences médicales de Lille ;

et de l'Académie médico-philosophique de Saint-Thomas-d'Aquin (de Rome).

Membre de la Société botanique de France;

et de la Société zoologique de France.

Membre correspondant de la Société anatomique de Paris (15 février 1884) ;

de la Société thérapeutique de Paris ;

de la Société des Sciences physiques, naturelles, etc., de l'Algérie (15 janvier 1884) ;

de la Société de médecine de Strasbourg (6 décembre 1883).

de la Société de médecine, chirurgie et pharmacie de Toulouse (1er décembre 1882).

de l'Académie de médecine et de pharmacie de Barcelone (1er mai 1883).

de la Société de Sciences médicales de Lyon (25 juillet 1883).

de la Société de médecine et de chirurgie de Bordeaux (9 mars 1883).

de la Société de médecine et chirurgie pratiques de Montpellier (1er avril 1884).

de la Société médico-chirurgicale de Liège (6 novembre 1884)

I.

Communication et présentation de pièces anatomiques d'une affection cardiaque complexe.
    (*Société centrale de méd. du département du Nord;* séance du 28 juin 1872. — *Bulletin médical du Nord*, 1872, p. 285).

Communication et présentation de pièces anatomiques d'un œdème de la glotte consécutif à une laryngite tuberculeuse.
    (*Ibidem*, séance du 12 juillet. — *Bull.*, p. 355.)

Communication et présentation de pièces anatomiques d'un rétrécissement mitral, avec ulcération secondaire de la valvule.
    (*Ibidem*, séance du 13 septembre. — *Bull.*, p. 413.)

Communication et présentation de pièces anatomiques d'un cancer de l'œsophage avec rétrécissement causé par l'hypertrophie du ganglion du cardia.
    (*Ibidem*, séance du 11 octobre. — *Bull.*, p. 462).

Communication et présentation de pièces anatomiques d'un cancer primitif du foie.
    (*Ibidem*, séance du 11 octobre. — *Bull.*, p. 462).

Contribution à l'étude de la maladie bronzée d'Addison.
    (*Thèse inaugurale*. Paris, 16 décembre 1875).

I. Forme ordinaire de la maladie bronzée d'Addison. — Trois observations nouvelles ; — symptomatologie ; — marche, durée, terminaison ; — complications ; — diagnostic ; — pronostic ; — étiologie ; anatomie pathologique ; — pathogénie ; nature de la maladie.

II. Formes rares : — 1° forme rapide ; — 2° pigmentation cutanée chez les phtisiques ; — 3° maladie bronzée hématique des enfants nouveau-nés ; — 4° formes latentes de la maladie bronzée d'Addison.

III. Formes exceptionnelles et pseudo-maladies bronzées d'Addison. (Cinq types.)

Médecine des chemins de fer. — Côté médico-légal de l'affaire du chauffeur G. E. contre l'État-Belge.

(Brochure. — Lille, 1880).

Crampe des écrivains. — Présentation de malade.
(Soc. des sc. méd. de Lille, 13 février 1880. — Journ. des sc. méd., p. 268).

Squirrhe atrophique à évolution rapide; sa propagation par le tissu cellulaire et par les vaisseaux lymphatiques; sa généralisation sous la forme encéphaloïde.
(Journal des sciences médicales de Lille, 5 septembre 1884 et Gazette des hôpitaux, 11 octobre, 1er et 4 novembre 1884).

II.

Communication et présentation de pièces anatomiques sur la réparation des parties molles et du squelette, dix-huit ans après la perte de tout le corps du maxillaire inférieur.

(*Société centrale de médecine du Nord de la France*; séance du 27 septembre 1872. — *Bull.*, p. 452).

Fracture de la colonne vertébrale. Réduction des fragments déplacés ; retour immédiat de la sensibilité et de la motilité ; guérison.

(Bulletin médical du Nord, 1873, p. 61 et *Gazette des hôpitaux*, 15-17 avril 1873, p. 346).

Réduction d'une hernie crurale plusieurs heures après deux lavements d'eau de Seltz.

(*Gazette des hôpitaux*, 16 novembre 1878, p. 1062).

Note sur la pustule maligne en Flandre.

(*Journal des sciences médicales de Lille*, février 1879)

Contribution à l'étude de la myosite.

(*Journal des sciences médicales de Lille*, 1879).

Observation ; — symptomatologie ; — marche, durée, terminaisons ; — complications ; — formes de myosite ; — diagnostic ; — pronostic ; — étiologie ; — pathogénie ; — traitement.

Observation sur l'application de plaques métalliques sur un ulcère douloureux de la jambe.

(Soc. des sc. méd. de Lille, 5 mai 1879. — Journ. des sc. méd., p. 621)

Observations sur la pourriture d'hôpital et la diphtérie pharyngienne.

(Soc. des sc. méd. de Lille, 5 mai 1879. — Journ. des sc. méd., p. 619).

Fractures incomplètes et incurvation des os de l'avant-bras.

(Soc. des sc. méd. de Lille, 7 juin 1879. — Journ. des sc. méd., p. 621).

Traitement des fractures de métacarpiens par l'attelle de zinc.

(Soc. des sc. méd. de Lille, 9 janvier 1880. — Journ. des sc. méd., p. 127).

Fracture du rocher, guérison ; nouvel accident, seconde guérison.

(Ibidem).

Doigtier métallique pour le traitement des plaies des doigts.

(Société des sc. méd. de Lille. 1878. — Assemblée générale des médecins de la comp. du chemin de fer du Nord. Paris, 1879.— La Scienza italiana de Bologne. — Le Scalpel de Liège, 3 septembre 1882).

Arrachement de la phalange unguéale du pouce droit.

(Sc. des sc. méd., 17 novembre 1880. — Journ. des sc. méd., 1881, p. 43).

Synovite tendineuse aiguë des fléchisseurs de la main ; raitement sans débridement ; guérison

(Soc. des sc. méd., 19 janvier 1881. — Journ. des sc. méd., 1881, p. 187).

Luxation probable du pouce en avant.
>   (Soc. des sc. méd., 16 février 1881. — Journ. des sc. méd.,
>   1881, p. 256).

Luxation du pouce en arrière ; réduction par rotation dans l'extension.
>   (Soc. des sc. méd., 16 février 1881).

Dépression du crâne du nouveau - né. — Présentation du petit malade.
>   (Soc. des sc. méd. de Lille, 1881).

Ankylose tardive après les fractures du coude. — Présentation de deux malades.
>   (Ibidem, 1881).

Pulvérisations phéniquées employées comme anesthésique local ; plaies contuses avec corps étrangers multiples ; angines de diverses natures.
>   (Lecture à la Soc. des sc. méd. de Lille, 11 mai 1881. — Journ. des
>   sc. méd., 1881. — Thérap. contemporaine médicale et chirurgicale, Paris. 13 juillet 1881).

1° La pulvérisation d'eau phéniquée, sans être un anesthésique parfait, contribue à diminuer la sensibilité et à amoindrir ou à supprimer la douleur des plaies récentes ;

2° Ce moyen apporte un soulagement remarquable dans les angines et pharyngites de nature douloureuse ;

3° Toutefois, l'effet n'est que de courte durée et ne peut être acquis qu'autant que le titre de la solution est approprié à chaque cas particulier ; il y a lieu d'en varier le titre selon les indications et selon les résultats obtenus.

Médecine des chemins de fer.— Simulation des douleurs

consécutives aux traumatismes. — Diagnostic par les courants induits et interrompus.

(*Journ. des sc. méd. de Lille*, 1881, et *Gazette des hôpitaux* des 10 et 13 septembre 1881).

Pour reconnaître si une douleur qui est attribuée à un traumatisme ancien est simulée, il y a lieu de faire l'exploration comparative de la partie indiquée et de la partie symétrique, en se servant d'un courant induit et interrompu d'une grande régularité.

On procède par tâtonnements, et on évite les courants d'une certaine intensité, qui troublent complètement toute l'exploration :

1° Il est possible de trouver un courant de telle intensité, que la sensation de passage de ce courant n'est pas perçue par le patient, lorsque les électrodes sont appliqués sur le côté le moins douloureux, tandis que cette sensation est parfaitement perçue lorsque l'application est faite du côté opposé ;

2° On arrive souvent aussi à trouver un courant de telle intensité, que le passage de ce courant, continué pendant un temps suffisant, détermine une contraction musculaire, que l'observateur apprécie aisément par le soubresaut limité d'un corps charnu, lorsque les électrodes sont appliqués sur le côté le plus sensible et le plus douloureux ; rien d'analogue lorsque les électrodes sont appliqués de l'autre côté ;

3° Il importe de noter que ce résultat ne peut être obtenu, si le courant employé est trop intense, si la pression exercée par les électrodes est exagérée, si le sujet est trop fatigué, si les téguments ne sont pas parfaitement découverts, et encore si l'exploration n'est pas assez multipliée pour atteindre toute la partie,(fût-elle très étroite),où la douleur peut être localisée;

4° Enfin, pour une recherche aussi délicate, il est indispensable d'employer un appareil, dans lequel l'induction est produite par le courant fourni par une pile. Tout appareil dans lequel l'induction est obtenue par la rotation d'un aimant est un appareil insuffisant.

Troubles nerveux consécutifs à une fracture du crâne, etc. (par accident de chemin de fer) ; émissions sanguines répétées ; guérison.

(Lecture faite à la *Soc. de chirurgie de Paris* le 5 octobre 1881. — *Journ. des sc. méd. de Lille*, 1883. — *Gazette des hôpitaux*, 13 février 1883).

Conclusions : 1° Parmi les altérations tardives dues aux graves accidents de chemins de fer, il en est, pour lesquelles la guérison n'est pas impossible ; — 2° Les émissions sanguines paraissent plus particulièrement indiquées et peuvent être renouvelées un grand nombre de fois, malgré l'affaiblissement apparent du blessé.

Plaies par éclatement des doigts et des orteils.

(*Journ. des sc. méd. de Lille*, 1881. — *Gazette des hôpitaux* du 10 novembre 1881 et *Bulletin général de thérapeutique médicale et chirurgicale* du 30 novembre 1881).

1° Les plaies par éclatement résultent de l'action rapide, mais non absolument subite, d'un corps contondant de consistance assez dure et de surface lisse et large, (beaucoup de machines-outils), sur un doigt dont la peau est dure et sans souplesse ;

2° La forme est ordinairement linéaire, jamais ecchymotique. Les deux lèvres de la plaie sont séparées par des pelotons graisseux qui font hernie ; elles sont unies par des tractus celluleux. Ces lèvres sont également nettes, insensibles, sans tuméfaction, ni rougeur, ni chaleur. Les deux faces, qui ont supporté directement l'effort du traumatisme, sont très sensibles, alors même qu'elles ne portent pas d'ecchymose ;

3° La marche de la cicatrisation est très simple, mais lente, toujours sans notable réaction inflammatoire ;

4° L'angioleucite et l'adénite peuvent compliquer cette marche de cicatrisation. La cicatrice est aisément réouverte ;

5° Tous les pansements ordinaires des plaies paraissent convenir également bien pour le traitement des plaies par éclatement.

Fracture du carpe non accompagnée de plaie ; synovite tendineuse des fléchisseurs ; guérison.
(Lecture faite à la *Société de chirurgie de Paris*, 1881).

Conclusions : 1° Dans cette fracture du col du grand os, de la communication du foyer de la fracture avec la cavité de la synoviale, il est résulté : d'une part un synovite aiguë, d'autre part un retard dans la consolidation de la fracture ;

2° Le traitement antiphlogistique paraît indiqué au début ; puis l'immobilisation suffisamment surveillée et prolongée ;

3° Le pronostic de la fracture du grand os n'est pas si nécessairement grave que l'indiquent les chirurgiens du commencement du siècle, ni si complètement bénin que l'affirment un bon nombre des contemporains.

Plaies par usure ; coups de meule.
(*Journ. des sc. méd. de Lille* et la *Thérapeutique contemporaine médicale et chirurgicale* du 23 novembre 1881).

Manœuvres de réduction appliquées à un cas de traumatisme du rachis.
(Lecture faite à la *Société de chirurgie de Paris* le 22 février 1882. *Union médicale de Paris*, 11 novembre 1882. — *Journal des sciences médicales de Lille*, 1883).

Le même, traduit en espagnol.
(*El Sentido Catolico en las ciencias medicas* de Barcelone, 22 mars 1883).

Conclusions : 1° Il peut y avoir avantage à exercer des

manœuvres sur le point indiqué du rachis, tant par pression directe que par extension et contre-extension ;

2° Si ces manœuvres sont abandonnées prématurément, il peut n'en résulter aucune conséquence fâcheuse.

Donc les manœuvres de réduction peuvent être conseillées, à tout le moins avec les réserves que comporte la prudence, pour combattre les troubles consécutifs aux traumatismes exercés sur le rachis ou sur le centre nerveux médullaire.

Accidents après l'opération d'une hernie étranglée, chez une femme de soixante-dix ans ; — Guérison.
(Soc. des sc. méd. de Lille, séance du 15 mars et Journal des sc. médicales de Lille 1882, p. 314.

Etude sur le traitement des anthrax de la face ; résumé de quarante-deux observations.
(Ibidem, séance d'avril 1882).

Note sur une dépression du crâne survenue pendant la seconde enfance et suivie d'arrêt de développement des facultés psychiques.
(Journ. des sc. méd. de Lille, 20 juin 1882).

Etude sur la dépression du crâne pendant la seconde enfance.
(Archives générales de médecine, août 1882).

Conclusions : 1° La dépresssion du crâne, compliquée ou non, peut, d'une manière générale, être cause de diverses altérations psychiques ;

2° Ces altérations sont importantes, lorsque la dépression est localisée à la région frontale, spécialement du côté gauche ;

3° Survenant pendant la seconde enfance, la dépression du crâne peut constituer un obstacle véritable au développement des facultés psychiques et concurremment à l'expansion de l'encéphale et à l'amplification de la capacité crânienne ;

4° La microcéphalie relative, qui s'est ainsi produite, peut être définitive.

Le même, traduit en espagnol, par M. le Docteur D. Cayetano Puig y Falco, médecin de l'Hôpital de Santa-Cruz.
(Barcelone, 1883. Brochure de 24 pages).

Étude sur la réduction de la luxation du pouce en arrière au moyen des manœuvres de douceur.

(Union médicale, 24 août 1882. — Journ. des sc. méd. de Lille 20 août 1882. — Thérapeutique contemporaine médicale et chirurgicale, 6 septembre 1882. — Courrier médical, 2 septembre 1882.— Revue médic. française et étrangère, 14 octobre 1882. — Le Scalpel de Liège, 10 septembre 1882).

Conclusion : la luxation du pouce en arrière, encore vierge de toute traction, peut être réduite par une véritable manœuvre de douceur, à l'aide du procédé de Hey et Gerdy, pratiqué exactement et surtout lentement.

Plaie de l'avant-bras produite par une machine à percer; fracture des deux os, avec issue de l'un des fragments ; guérison rapide. — Présentation du blessé.

(Soc. des sc. méd. de Lille, 1er mars 1882. — Journ. des sc. méd de Lille, 1882, p. 279, et Gazette des hôpitaux, 5 sept. 1882).

Corps étrangers spéciaux aux ouvriers de la métallurgie.

(Société de médecine, de chirurgie et de pharmacie de Toulouse, 1882. — Journ. des sc. méd. de Lille, 20 décembre 1882, et Bulletin général de thérapeutique méd. et chir., 30 mars 1883).

Conclusions : En présence du corps étranger spécial aux ouvriers de métallurgie.

1° Il convient de prévoir deux complications : d'une part, l'atrophie partielle du membre, et d'autre part la gêne des mouvements professionnels, causée par la migration du corps étranger ;

2° On peut se borner à l'expectation, si un ensemble de conditions favorables permet d'espérer la tolérance des tissus ;

3° Dans le cas contraire, il est indiqué d'extraire le corps étranger, en observant les préceptes de la méthode antiseptique et au besoin en renouvelant les recherches après des intervalles de 24 heures ;

4° L'extraction du corps étranger peut être obtenue sans débridement ;

5° L'atrophie consécutive peut être guérie, même sans extraction du corps étranger, au moyen d'une gymnastique modérée, des courants faradiques, des frictions stimulantes et du repos combinés.

Lésions tardives après un traumatisme du rachis ; luxation spontanée de la rotule en dehors ; plaie ulcéreuse sous l'ischion.

(Lecture faite à la *Société de chirurgie* le 29 novembre 1882. — *Journ. des sc. méd. de Lille*, 1883).

Le même traduit, en espagnol, par A. P. de C.

(*El Sentido catolico en las Ciencias medicas*, 1ᵉʳ mai 1883).

Note sur le traitement de la pseudarthrose du tibia.

(*Bulletin de l'académie royale de médecine de Belgique*, 3ᵉ série. t. XVII, n° 5. Bruxelles, 1883. — *Bullet. gén. de thérapeutique médicale, chirurgicale*, 30 juillet 1883, p. 57).

Conclusions : 1° En cas de pseudarthrose du tibia, la marche pratiquée dans les limites appropriées, n'est pas nuisible, elle peut même contribuer à la guérison proprement dite ;

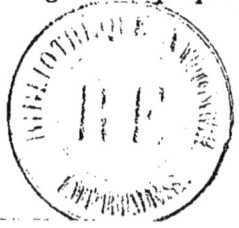

2º Pour assurer la marche, toutes les indications thérapeutiques sont remplies aussi avantageusement que possible par l'usage de deux attelles en bois de tilleul, creusées, modelées, adaptées à chaque cas particulier et maintenues par une simple bande roulée.

Le même, traduit en espagnol, par M. le Docteur Oliver.
(Lu le 22 mai 1883 à l'*Académie médico-pharmaceutique de Barcelone.* — *Enciclopedia medico-farmacéutica,* 21 juin 1883).

Note sur les conséquences d'une plaie par peigne de filature.
(*Journ. des sc. méd. de Lille,* 20 juin 1883, p. 458).

Plaies par peignes de filature.
(*Annales d'hygiène publique et de médecine légale,* août 1884. — Brochure. Lille, 1883, 40 p.).

Conclusions : Les peignes de filature peuvent déterminer des plaies minimes, des plaies d'une importance discutable, des plaies graves.

Dans les plaies minimes, les séries de pointes peuvent agir à la manière des instruments tranchants et contondants à la fois, avec complication de corps étrangers.

Il peut aussi en résulter des plaies que l'on peut qualifier « *par ratissage.* »

Les dents de peigne, formant corps étrangers dans les tissus, sont aisément enlevées, sous le spray phéniqué, à l'aide d'une pince à épilation ou autre. Il faut une pince plus forte pour pratiquer l'extraction des pointes destinées au peignage du lin, lorsque ces aiguilles sont fixées dans un os.

Ceux de ces corps étrangers, qui échappent lors du premier pansement, peuvent sans inconvénient être laissés dans les tissus. Leur extraction devient facile après la période inflammatoire.

Dans les plaies d'une importance discutable, la dénudation des tendons, le ratissage de la peau, du tissu graisseux sous-cutané et même d'une partie importante des couches musculaires, la présence des pointes d'acier brisées dans la plaie ne suffisent point pour constituer la véritable indication de pratiquer l'amputation. La conservation est alors encore réalisable et les débris du membre peuvent être de quelque utilité pour l'exercice des mouvements professionnels.

Dans les plaies graves, l'indication d'amputer est fournie par l'importance des lésions des os et des articulations, surtout si la plaie par ratissage se complique de nombreux corps étrangers profondément fixés.

Le même, traduit en espagnol, par le Docteur F. Curós Alcantara.

(*Enciclopedia medico farmacéutica* de Barcelone, février 1884)

Etude sur les plaies des ouvriers en bois.
(Présentée à la *Société de chirurgie de Paris*, le 25 avril 1883. — *Journ. des sc. méd. de Lille*, 1883, et brochure, 46 p.).

Conclusions : 1° Pour le traitement des plaies par instrument piquant, compliquées souvent de quelque corps étranger, il y a lieu d'appliquer le pansement de Lister sans protective et avec un artifice destiné à retarder l'occlusion de la plaie ;

2° Pour le traitement des plaies par instrument tranchant, rien n'est spécial aux plaies des ouvriers en bois ;

3° Les plaies par coups de scie (circulaire ou autre), présentent des caractères spéciaux, si elles sont *directement* produites par la scie. Elles sont le résultat d'une sorte d'entraînement spécial ; sont souvent d'emblée d'une grande profondeur; diffèrent des plaies par instrument tranchant et de celles par instrument contondant, pour ressembler davantage aux bords des plaies par arrachement ; arrivent à la cicatrisation beaucoup plus rapidement que les plaies contuses ; cessent d'être un obstacle au travail, dès que la réparation est un peu avancée et donnent des résultats tardifs de nature à réserver la possibilité des compensations entre les parties perdues et celles qui sont conservées ;

4° Les plaies faites par la machine à raboter sont habituellement, ou bien des amputations proprement dites, ou bien des plaies par instrument tranchant et « tassant » en même temps. S'il y a plaie articulaire, l'ankylose peut n'être pas complète. Les parties conservées peuvent encore être utilisées au point de vue de la profession des ouvriers en bois.

Le même, traduit en italien, par M. le docteur Marcelin Venturoli.

(La *Scienza italiana* de Bologne, janvier et février 1884).

Le même, traduit en espagnol.

(*El Sentido catolico en las Ciencias medicas* de Barcelone, février et mars 1884.—*Enciclopedia medico-farmaceutica*, mars 1884).

Sur le pronostic et le traitement des mutilations de la main.

(Lecture faite à la *Société de chirurgie de Paris*, le 16 janvier 1884).

Conclusions : 1° On peut obtenir la réfection de la dextérité et celle de la vigueur de la main, aussi bien par l'intervention chirurgicale tardive, que par les amputations et désarticulations primitives ;

2° Les débris de doigts, plus ou moins déformés par le traumatisme, peuvent être adaptés à de nouvelles fonctions, voire même à des mouvements d'opposition, comme il convient à un véritable pouce ;

3° Enfin, les opérations primitives — alors même qu'elles ne sont suivies d'aucun accident, d'aucune complication — ne mettent pas toujours à l'abri des atrophies secondaires et des dépréciations définitives, au point de vue de la dextérité.

Il y a donc lieu de préférer les régularisations tardives à l'intervention chirurgicale primitive.

> (*Bulletin de la Société de chirurgie de Paris*, 1884, t. X, p 363.— *Union médicale de Paris*, 1ᵉʳ juillet 1884. — *Bulletin général de thérapeutique médicale et chirurgicale*, 30 juin 1884. — *Revue médicale française et étrangère*, n° 19, 10 mai 1884).

« En collaboration avec M. le Docteur Dezwarte, chirurgien en chef de l'hôpital civil de Dunkerque. » — *Arrachement du bras; régularisation de la plaie; guérison.* — Présentation de la pièce anatomique.

> (*Soc. des sc. méd. de Lille*, 23 janvier 1884).

Arrachement de la phalange unguéale du pouce droit avec le tendon du long fléchisseur; — *désarticulation interphalangienne immédiate;* — *guérison.*

> (*Bulletins de la Société anatomique de Paris*, 4ᵉ série, t. IX, 1884, p. 172; *Progrès médical*, 13 et 27 septembre 1884).

Arrachement du bras. — Description de la pièce anatomique.

> (*Ibidem*, p. 173).

Arrachement de la phalange unguéale du pouce droit avec tout le tendon du long fléchisseur; — *complication au début;* — *guérison.*

> (*Ibidem*, p. 177).

Note sur l'arrachement du bras dans les établissements industriels.

> (*Journ. des sc. méd. de Lille*, 5 mars 1884).

Arrachements dans les établissements industriels.

(Mémoire présenté à l'*Académie royale de médecine de Belgique* le 23 février 1884. — Publié par le *Bulletin officiel de l'Académie*. — Reproduit par les *Arch. gén. de médecine de Paris*, juin et juillet 1884).

Conclusions anatomiques : Il y a fracture des os ; les ligaments articulaires résistent.—Les tendons sont mis à nu.—Les muscles sont sectionnés avec une netteté relative. — Les nerfs sont allongés, étirés avant de se rompre. — Il en est de même des artères. — La peau est sectionnée sans aucune mâchure.

Conclusions sur le mécanisme : Les faits d'entraînement par une poulie ou par un arbre de transmission se terminent de deux façons, soit par une accumulation de lésions nécessairement mortelles, soit par un arrachement. Dans le premier cas, l'entraînement se fait sans résistance et sans limite. Dans le second, une partie du corps est seule entraînée, tandis que le reste est : ou bien retenu par un point d'arrêt, ou bien retiré avec une violente énergie par le blessé, ou bien encore lancé à distance par la force centrifuge et par la grande pesanteur du sujet.

Conclusions sur les conséquences tardives : Ce sont des troubles trophiques. Il y a d'une part atrophie de tous les muscles innervés par les nerfs étirés. Il y a d'autre part pâleur de la peau et atrophie des poils de la partie correspondante des téguments. La palpation permet de constater la surcharge graisseuse de la couche sous-cutanée. On peut attribuer ces troubles trophiques à l'allongement des nerfs.

Conclusions thérapeutiques : L'amputation proprement dite n'est pas indiquée ; les faits de guérison le prouvent. Il suffit parfois d'appliquer sur la plaie un lambeau de peau. Il est le plus souvent indiqué de régulariser la plaie, par la section des nerfs et autres parties molles et la suppression d'une certaine portion de squelete. La suture peut être essayée sans danger. La réunion immédiate peut même être obtenue

Le même, traduit en espagnol, par M. le Docteur D. Faustino Curôs Alcantara.

(*Encyclopédie médico-pharmaceutique de Barcelone*, juillet 1884)

Hernie traumatique.

(*Gazette des hôpitaux de Paris*, 14-17 juin ; *Journal des sciences médicales de Lille*, 5 juin 1884 et *Courrier médical*, 12 juillet 1884).

Plaies, mutilations et autres altérations des doigts et de la main par coups d'engrenages ; leurs conséquences professionnelles.

(*Journ. des sciences médicales de Lille*, 5-20 juillet 1884).

Le même, traduit en espagnol, par M. le Docteur D. Faustino Curôs Alcantara.

(*Encyclopédie medico-pharmaceutique*, septembre et octobre 1884).

Sections contuses.

(*Gazette des Hôpitaux*, 18 et 25 septembre 1884).

Plaie pénétrante de l'abdomen : hernie de l'épiploon. (Note clinique).

(*Journal des sciences médicales de Lille*, 20 septembre 1884 et *Paris médical*, 11 octobre 1884).

Traumatisme d'un cal récent. (Note clinique).

(*Journal des sciences médicales de Lille*, 20 septembre 1884 et *Paris médical*, 18 octobre 1884).

Ectrodactylie avec conservation partielle du pouce et de l'auriculaire.

(Note lue à la *Société de Chirurgie*, le 1er octobre 1884 in *Bulletins et mémoires de la Société de Chirurgie de Paris.*

Ectropodie double avec palmure de deux doigts de la main.

(Note présentée à la *Société de Chirurgie de Paris. In Bulletins et mémoires de la Société de Chirurgie de Paris*).

Écrasements des membres dans les établissements industriels.

(*Journal des sciences médicales de Lille*, 5 octobre 1884).

Recherches historiques sur les manœuvres de réduction après les traumatismes rachidiens par chûtes de lieux élevés.

(*Journal des sciences médicales de Lille*, 20 octobre 1884).

Sur un moyen de diagnostic de la névrite traumatique ancienne.

(Lecture faite à la *Société de Chirurgie* de Paris, avec présentation du malade, le 23 avril 1884).

III.

Un myriapode parasite intestinal chez un enfant de quatre ans ; note de laboratoire.
>(Journ. des sc. méd. de Lille, décembre 1878, p. 113).

Sur l'huile de foie de morue.— Son épuration à Dunkerque. — Sa préparation officinale.
>(Soc. des sc. méd. de Lille, 14 novembre 1879. — Journ. des sc. méd., p. 973).

Accidents sympathiques multiples causés par la présence des ascarides lombricoïdes dans l'intestin.
>(Journal des sc. médic. de Lille, juillet 1880. — Revue médicale française et étrangère, août 1880. — Gazette médicale de Paris. — Il medico y cicrujano, centro-americano, décembre 1880).

Étude de zoologie médicale sur la linguatule, à l'occasion de deux cas de mort causée par la pénétration d'un poisson vivant dans les voies aériennes.
>(Revue médicale française et étrangère. Paris, 1880).

Revue de zoologie médicale, avec des notes.
>(Paris, février 1881, et Journ. des sc. méd. de Lille, 1880)
>Deuxième série. — Paris, 1883).

Étude sur les psorospermies de la viande de boucherie.
>(Revue médicale française et étrangère du 29 janvier 1881.)

Etude sur les accidents sympathiques ou réflexes, déterminés par les ascarides lombricoïdes dans le canal digestif de l'homme, spécialement pendant l'enfance.

(*Soc. des sc. méd. de Lille*, 9 janvier 1881. — *Journ. des sc. méd. de Lille*).

Avant-propos. — S'il y a lieu d'admettre que des accidents sérieux puissent être causés par les ascarides lombricoïdes. — Diagnostic des accidents vermineux. — Formes décrites des accidents vermineux sympathiques. — S'il est possible de considérer les œdèmes décrits comme des accidents sympathiques causés par des ascarides lombricoïdes. — Comment les ascarides lombricoïdes peuvent déterminer, dans le canal digestif, une iritation capable de devenir une cause d'accidents réflexes. — Conditions étiologiques des accidents sympathiques ou réflexes. — Conclusions :

1° Dans les pays où les ascarides lombricoïdes sont fréquents, ces parasites peuvent être causes d'accidents sympathiques et même d'accidents mortels ;

2° Les œdèmes trouvent leur place dans la catégorie des accidents réflexes ;

3° Les accidents sympathiques s'observent surtout dans le sexe féminin, pendant la seconde enfance, chez les sujets lymphatiques et nerveux ;

4° L'usage des toniques, avec persévérance, et celui des anthelminthiques, suivis de purgatifs et administrés à des intervalles de temps appropriés, constituent une thérapeutique justifiée pour combattre les accidents sympathiques dus aux ascarides lombricoïdes.

Etude sur les indications thérapeutiques dans le traitement des ascarides lombricoïdes.

(Lecture faite à la *Soc. des sc. méd. de Lille*, dans la séance du 15 novembre 1881. — *Bulletin général de thérapeutique médicale et chirurgicale*, 15 février 1882, et *Journal des sciences médicales de Lille*, 20 février 1882).

Le même traduit en espagnol, par le Docteur Fructuoso Plans y Pujol.
  (*El sentido catolico en las ciencias medicas* de Barcelone, n°⁵ 27-28-29-30-31-32-33 de l'année 1882).

État actuel de la question ; — le semen-contra et la santonine préférés comme spécifiques anthelmintiques ; — action de la santonine sur les ascarides ; — les doutes et les contradictions relativement à l'efficacité du semen-contra ; — danger possible du semen-contra, si les ascarides sont nombreux ; — danger possible, si les ascarides sont de grande dimension ; — comment, en pratique, les dangers sont souvent écartés par l'action d'un évacuant ; — l'observation et l'expérience justifient l'emploi des toniques et des amers : — la tradition médicale relativement aux amers ; — le but du traitement doit être, moins de tuer le ver, que de modifier l'état constitutionnel ou accidentel de l'intestin ; — Conclusions :

1° Le semen-contra, (dont l'action est souvent confondue avec celle de la santonine), est et demeure depuis longtemps le médicament préféré dans le but de tuer et d'expulser les ascarides lombricoïdes du canal digestif de l'homme ;

2° La santonine ne tue pas net les ascarides lombricoïdes ; elle est pour ces parasites un excitant, qui augmente et précipite leurs mouvements et exagère, par ce mécanisme, les accidents réflexes d'une part, les obstructions intestinales d'autre part ;

3° La santonine, dans le traitement des ascarides lombricoïdes, n'est pas toujours indiquée. Sans action nuisible, si les parasites sont à la fois jeunes et en nombre modéré, ce médicament peut n'être pas sans danger, même à dose rationnelle, si les parasites vivants sont grands et âgés, ou encore s'ils sont en nombre considérable ;

4° Les purgatifs, souvent indiqués, ont valu à bien des médecins plus de résultats que les vermifuges donnés en même temps. La méthode évacuante peut d'ailleurs suffire pour déterminer l'expulsion des ascarides lombricoïdes ;

5° Les soins hygiéniques appropriés pour combattre l'état lymphatique des sujets, et parfois même le seul changement d'alimentation et d'habitation, ont pu, sans le secours d'aucun médicament, déterminer la complète expulsion des ascarides lombricoïdes ;

6° Il est donc indiqué d'instituer le traitement des ascarides lombricoïdes, selon les circonstances de chaque cas en particulier, soit en ayant recours à la méthode évacuante, soit en instituant les soins hygiéniques et pharmaceutiques que comporte l'état lymphatique de l'hôte des parasites.

Revue critique sur la ladrerie chez l'homme.

(*Journ. des sc. méd, de Lille* du 20 novembre 1882, et *Journal de médecine de Paris*).

Historique ; — diagnostic ; — pronostic ; — étiologie ; — thérapeutique.

Note sur un cas de cysticerque du sein.

(*Société des sciences médicales de Lyon.* — *Lyon médical* du 16 septembre 1883, et brochure 12 p. s. l. n. d. — *Revue des sciences médicales française et étrangère*, 19 janvier 1884).

« Réflexions » et « conclusions. » Cette simple note, destinée à faire connaître un fait rare, tellement rare, qu'il paraît être unique, a été publiée par le *Lyon médical* du 16 septembre 1883 sans aucune conclusion. Les quelques réflexions, qui suivent la relation du fait, et qui ne sont nullement des conclusions, paraissent suffisantes pour faire apprécier la portée de ce fait, — qui n'est qu'une simple curiosité.

Le même, traduit en espagnol, par le Docteur D. Rosalino Rovira y Oliver.

(*El sentido catolico en las Ciencias medicas*, 8 novembre 1883).

Lille, 16 Novembre 1884.

www.ingramcontent.com/pod-product-compliance
Lightning Source LLC
Chambersburg PA
CBHW060618050426
42451CB00012B/2306